12

供电企业生产技能人员标准化作业培训教材

油浸式互感器例行试验

福建省电力有限公司　组编

输变电

中国电力出版社
CHINA ELECTRIC POWER PRESS

内 容 提 要

本册书是按照《供电企业生产技能人员标准化作业培训教材》体系的要求，结合生产实际编写而成。本册书共分为两大部分，第一部分介绍油浸式互感器例行试验的标准化作业内容，主要包括例行试验标准化作业的工作流程、安全风险与预控、工作质量标准与控制等内容，并结合油浸式互感器例行试验实际案例，对例行试验操作要点、关键步骤的控制、安全注意事项、管理要求等进行了具体分析。第二部分主要介绍了实际作业案例相关的标准化作业文本。

本册书作者都是长期从事电力生产一线的员工，有较为丰富的现场实际经验，所列举的案例在实际生产过程中较为典型，具有较强的生产现场指导意义。本册书可作为供电企业电网输变电工作人员的培训教学用书，也可作为电力职业院校教学参考用书。

图书在版编目（CIP）数据

供电企业生产技能人员标准化作业培训教材. 输变电/福建省电力有限公司组编. —北京：中国电力出版社，2012.12

ISBN 978-7-5123-3810-4

Ⅰ. ①供…　Ⅱ. ①福…　Ⅲ. ①供电－工业企业管理－标准化管理－中国－技术培训－教材　②输电－电力系统－技术培训－教材　③变电所－电力系统－技术培训－教材
Ⅳ. ①F426.61

中国版本图书馆 CIP 数据核字（2012）第 287838 号

中国电力出版社出版、发行

（北京市东城区北京站西街 19 号　100005　http://www.cepp.sgcc.com.cn）

北京九天众诚印刷有限公司印刷

各地新华书店经售

*

2013 年 1 月第一版　2013 年 1 月北京第一次印刷

787 毫米×1092 毫米　16 开本　84 印张　1766 千字

全册定价 **232.00** 元

编　委　会

编　写　组

主　　编　李功新

副 主 编　叶继宏　金昌榕　陈大凤　张　荣

编写组组长　林　平

成　　员　（按姓氏笔画排序）

王全兴　王恒山　叶立群　叶色亮　朱　菁

庄　严　庄沪生　刘志平　严有祥　李　春

李　超　李勇明　李积捷　李萌峰　杨文陵

杨志豪　杨建平　杨毓庆　连鸿松　肖颂勇

吴　达　吴志成　吴奇宝　吴辉煌　吴簪麟

邱振敏　沈明松　沈谢林　张绍明　陈　影

陈艺鑫　陈日坤　陈祥舒　陈朝晖　陈德兴

林　衡　林一泓　林志敏　林志强　林轶群

林海渊　欧世尧　欧永连　罗　松　罗　毅

金建宁　郑哲人　郑雄俊　郑黎斐　赵道阳

施　纬　施广宇　洪西卿　钱志立　翁晓锋

涂恩来　黄　亮　黄国敏　董　磊　傅智为

潘晨曦

preface

前言

为了更好地服务“五大”体系建设，提升生产技能人员良好的“职业化”行为习惯，建立与现场标准化作业生产环境一致的培训课程体系，福建省电力有限公司以现场标准化作业指导书为蓝本，组织开展生产技能标准化作业培训教材的编写工作。为确保教材的编写质量和进度，由总工程师李功新主抓此项工作，多次召集工作协调会，定期听取编写进度汇报；人力资源部负责教材编写的组织工作，运维检修部、科技信通部和调度控制中心负责教材编写的具体工作，福建省电力有限公司和基层单位技术专家组成教材编写与审定小组，公司培训中心负责教材编写框架和编写规范的制订、编写进度跟踪及其他协调工作。

本套教材集中了福建省电力有限公司众多专家学者的智慧，采用了全新的组织架构，突出了基于现场标准化作业的培训特色。本套教材分为配电专业、输变电专业和二次专业三本书，包括91项现场标准化作业项目（子分册），具有很强的针对性和实用性。各项目（子分册）分为两部分：第一部分介绍了各项目的工作流程、工作质量标准与控制、危险点分析与预控、管理与记录要求、作业案例等；第二部分罗列了标准化作业指导书等标准化作业文本，并结合第一部分的作业案例说明了标准化文本的填写规范。部分项目（子分册）还在附录部分对设备等内容进行了说明。

其中，配电专业分为架空线路、配电设备、计量装置及其他设备，由福建省电力有限公司运维检修部高级工程师姚亮担任编写组长，福州电业局、厦门电业局、莆田电业局、泉州电业局、漳州电业局、龙岩电业局、三明电业局、南平电业局、宁德电业局、福清电力公司、石狮电力公司、晋江电力公司、南安电力公司、长乐电力公司等单位的专家参与编写工作。输变电专业分为开关类、线圈类和架空线路及电缆，由福建省电力有限公司运维检修部高级工程师林平担任编写组长，福建省电力科学研究院、检修分公司、福州电业局、厦门电业局、莆田电业局、泉州电业局、漳州电业局、龙岩电业局、三明电业局等单位的专家参与编写工作。二次专业分为继电保护、综合自动化、直流系统和电力通信，由福建省电力有限公司调度控制中心高级工程师宋福海、科技信通部高级工程师连纪文担任编写组长，福建省电力科学研究院、检修分公司、信息通信分公司、福州电业局、厦门电业局、莆田电业局、泉州电业局、龙岩电业局、三明电业局、南平电业局等单位的专家参与编写工作。

本册由福建省电力科学研究院施广宇担任编写组长，莆田电业局罗毅、福建省电力科学研究院连鸿松主要编写，莆田电业局肖颂勇、庄沪生、南平电业局杨建平、三明电业局李勇明等参与编写；福建省电力有限公司运维检修部陈新主审，福建省电力科学研究院涂恩来、福建省电力检修公司吴达、厦门电业局刘志平、泉州电业局王恒山、沈谢林、漳州电业局陈艺鑫、南平电业局杨建平、三明电业局李勇明等参审。

本教材在编写、审定过程中得到了福建省电力有限公司有关单位领导和专家的大力支持和帮助，在此一并感谢。同时，也感谢中国电力出版社的大力支持。

由于编者能力所限及编写时间仓促，难免存在疏漏之处，恳请各位专家和读者提出宝贵意见。

contents 目录

第一部分

标准化作业培训

1　作业描述

根据油浸式互感器例行试验的标准化作业指导书的内容，介绍油浸式互感器例行试验的工作流程和质量标准要求。通过流程介绍和列表说明，掌握油浸式互感器例行试验所需工器具、材料、工作流程、质量标准、作业中的危险点预控、操作步骤、管理要求等内容。

2　工作流程

油浸式互感器例行试验的工作流程如图 1-1 所示。

3　工作质量标准与控制

3.1　引用标准

GB 1208—2006　《电流互感器》
GB 1207—2006　《电压互感器》
GB 4703—2001　《电容式电压互感器》
GB/T 7252—2001　《变压器油中溶解气体分析和判断导则》
GB/T 7597—2007　《电力用油取样方法》
GB/T 17623—1998　《绝缘油中溶解气体组分含量的气相色谱测定法》
Q/GDW 168—2008　《输变电设备状态检修试验规程》

3.2　质量控制

3.2.1　试验标准

根据 Q/GDW 168—2008《输变电设备状态检修试验规程》，互感器例行试验中高压试验的项目与标准如表 1-1～表 1-3 所示。

表 1-1　油浸式电流互感器例行试验项目

<table>
<tr><th>例行试验项目</th><th colspan="4">要　求</th></tr>
<tr><td>绝缘电阻</td><td colspan="4">1．一次绕组：初值差不超过-50%（注意值）。
2．末屏对地（电容型）：＞1000MΩ（注意值）。
3．二次绕组之间及对地：＞500MΩ（注意值）</td></tr>
<tr><td rowspan="4">电容量和介质损耗因数</td><td colspan="4">1．电容量初值差不超过±5%（警示值）。
2．介质损耗因数 tanδ 满足下表要求（注意值）</td></tr>
<tr><td>U_m（kV）</td><td>126/72.5</td><td>252/363</td><td>≥550</td></tr>
<tr><td>tanδ</td><td>≤0.008</td><td>≤0.007</td><td>≤0.006</td></tr>
<tr><td colspan="4">聚四氟乙烯缠绕绝缘：≤0.005
超过注意值时，可测量介质损耗因数与测量电压之间的关系曲线，测量电压从 10kV 到 $U_m/\sqrt{3}$，介质损耗因数的增量应不大于±0.003，且介质损耗因数不超过 0.007（U_m≥550kV）、0.008（U_m为 363kV/252kV）、0.01（U_m为 126kV/72.5kV）。当末屏绝缘电阻不能满足要求时，可通过测量末屏介质损耗因数作进一步判断，测量电压为 2kV，通常要求小于 0.015</td></tr>
</table>

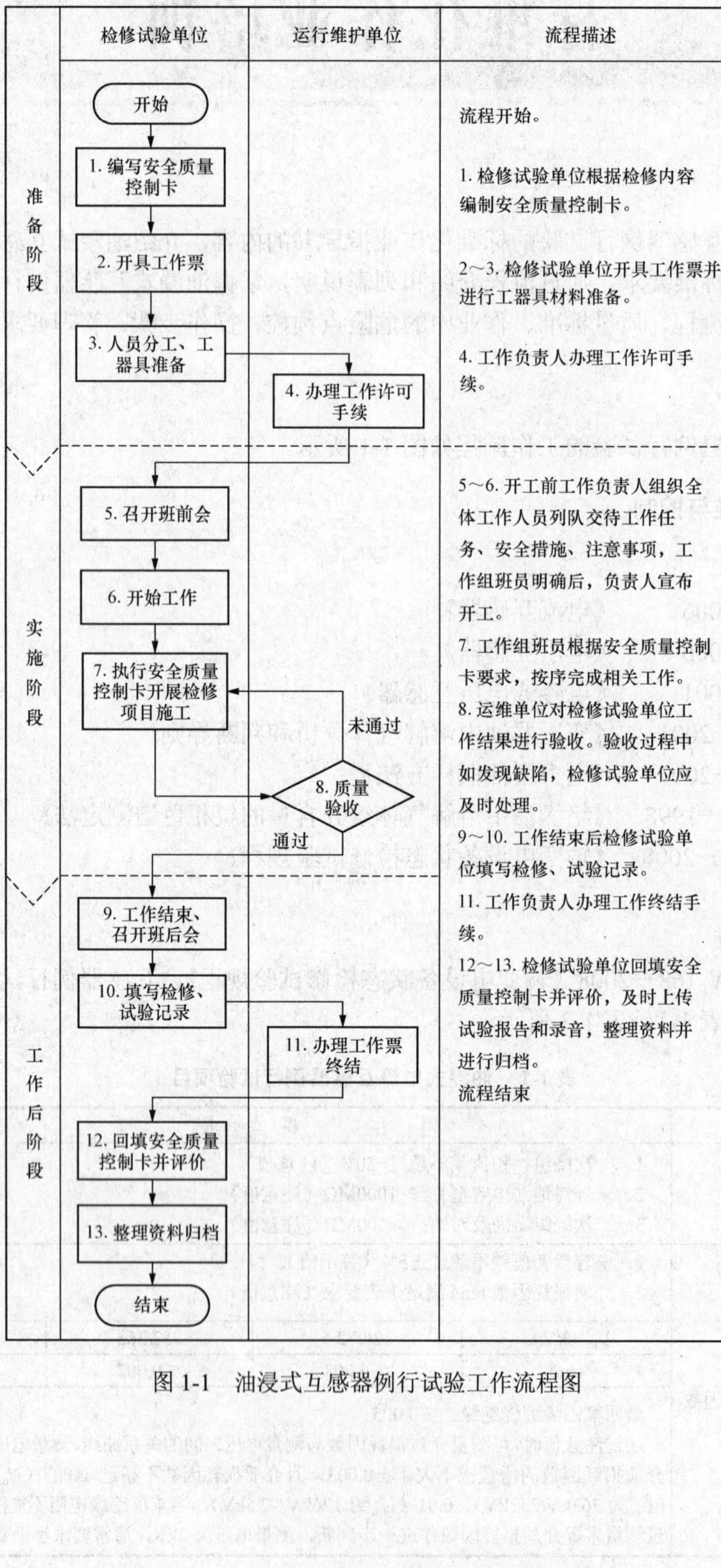

图 1-1　油浸式互感器例行试验工作流程图

表 1-2　油浸电磁式电压互感器例行试验项目

例行试验项目	要　　求
绕组绝缘电阻	1．一次绕组：初值差不超过-50%（注意值）。 2．二次绕组：≥10MΩ（注意值）
绕组绝缘介质损耗因数	≤0.02（串级式，注意值）； ≤0.005（非串级式，注意值）

表 1-3　电容式电压互感器例行试验项目

例行试验项目	要　　求
分压电容器试验	极间绝缘电阻≥5000MΩ（注意值）； 电容量初值差不超过±2%（警示值）； 介质损耗因数： ≤0.005（油纸绝缘，注意值）； ≤0.0025（膜纸复合，注意值）
二次绕组绝缘电阻	≥10MΩ（注意值）

3.2.2　环境条件

无大风扬沙及其他污染的晴天，空气相对湿度不宜大于 80%，环境温度不宜低于 5℃，绝缘表面应清洁、干燥。

3.2.3　人员要求

（1）必须设置一名工作负责人，该负责人必须经验丰富、责任心强，经有关安全生产规程制度考试合格，安监部批准可以担任试验工作负责人的人员。

（2）试验负责人必须熟悉被试设备的状态，熟练掌握被试设备的各项试验方法，具有试验结果的分析判断能力。

（3）试验人员需经有关安全生产规程制度考试合格，必须是取得高压试验专业上岗证书，被试设备的各项试验方法能熟练操作。

（4）试验负责人和工作人员必须保持良好的精神状态。

3.2.4　工器具标准

根据试验任务，选择配置试验仪器、仪表、作业工具、安全用具，见表 1-4。

表 1-4　油浸式互感器例行试验仪器仪表配置

序号	名　　称	规　格	单位	数量	备　注
1	绝缘电阻表	1000～5000V	套	1	
2	介质损耗测试仪	10kV	台	1	
3	开关板		个	1	
4	保险丝、乙烯带、导线、导线夹		盒	1	
5	工具箱		箱	1	
6	安全带		条	3	
7	有防滑的绝缘梯子		架	1	
8	干湿温度计		台	1	
9	计算器		台	1	

表（续）

序号	名　称	规　格	单位	数量	备　注
10	试验记录本		本	1	
11	线包		个	2	
12	白布		件	2	
13	红马甲		件	1	
14	录音笔		支	1	
15	放电棒		支	1	
16	绝缘手套		副	1	
17	绝缘垫		块	1	
18	安全围网及标示牌		套	1	
19	数字式万用表		只	1	

3.2.5 试验方法、操作步骤和关键步骤的控制

3.2.5.1 外观检查

（1）互感器外观完整无损。

（2）本体油位应正常，金属膨胀器膨胀位置指示正常。

（3）瓷套、底座、阀门和法兰等部位应无油渗漏。

（4）互感器外绝缘如有污秽应清扫。

（5）互感器应可靠接地。

3.2.5.2 绝缘电阻测量

（1）试验接线。

1）电流互感器一次绕组对二次绕组及地绝缘电阻试验接线见图 1-2，电流互感器末屏绝缘电阻试验接线见图 1-3。

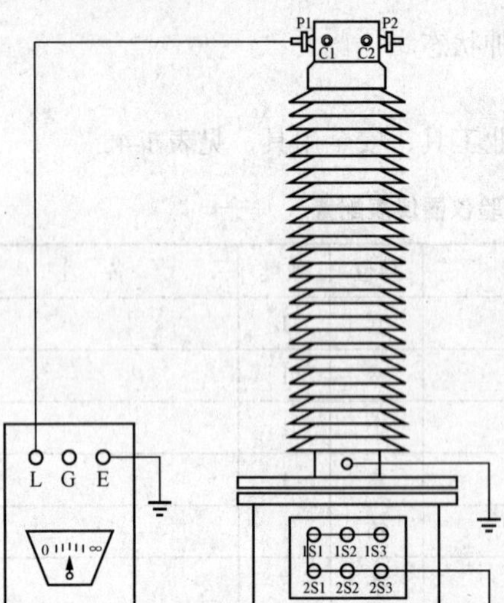

图 1-2　电流互感器一次绕组对二次绕组及地绝缘电阻试验接线

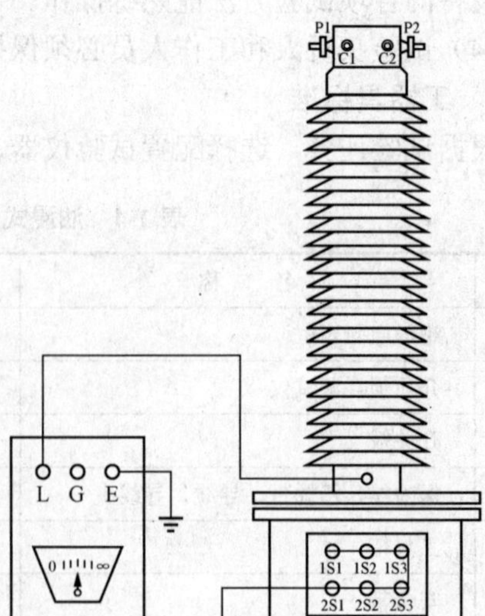

图 1-3　电流互感器末屏绝缘电阻试验接线

2）电磁式电压互感器绝缘电阻试验接线见图 1-4。

3）电容式电压互感器试验接线见图 1-5～图 1-7。

（2）操作要点。

1）检查互感器套管绝缘子表面是否已清洁，若表面脏污应要求有关工作班人员清扫绝缘子。

2）检查绝缘电阻表工作电源显示屏是否正常（对于指针式的指示应在有效区域）。

3）应对绝缘电阻表进行校正。当绝缘电阻表加电压空试时指示应指向无穷大；绝缘电阻表加压下将线端与接地短接，指示应回零位。

4）测量结束或重复测量时，必须将试品通过电阻杆对地充分放电在接地，以防残余电荷伤人。

5）为了保证测量的准确性，每测完一侧绕组，各侧绕组短路接地的放电时间不少于 1min，方可进行下一绕组的测量。

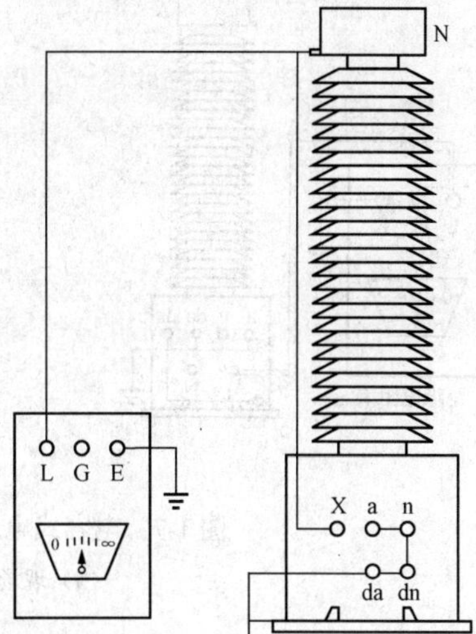

图 1-4 电磁式电压互感器绝缘电阻试验接线

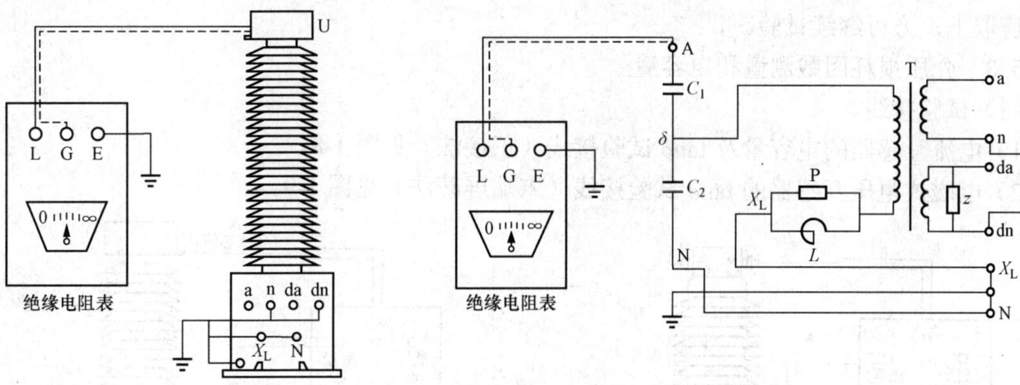

（a）　　（b）

图 1-5 电容式电压互感器主电容 C_1 绝缘电阻试验接线

（a）现场试验接线；（b）试验接线原理图

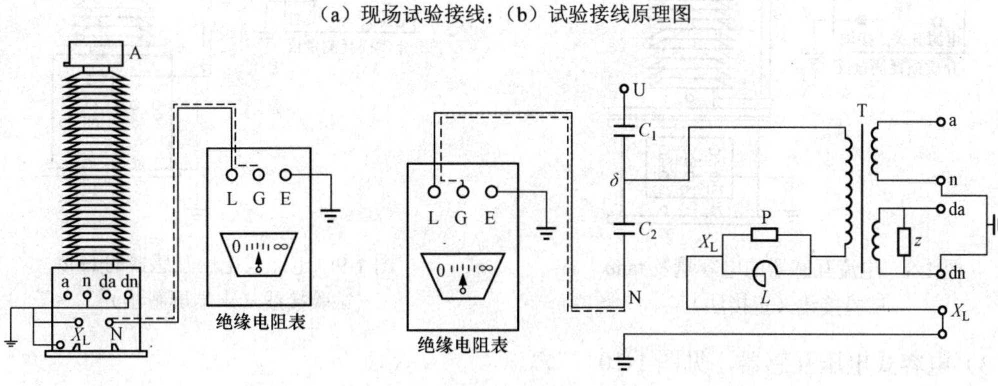

（a）　　（b）

图 1-6 电容式电压互感器分压电容 C_2 绝缘电阻试验接线

（a）现场试验接线；（b）试验接线原理图

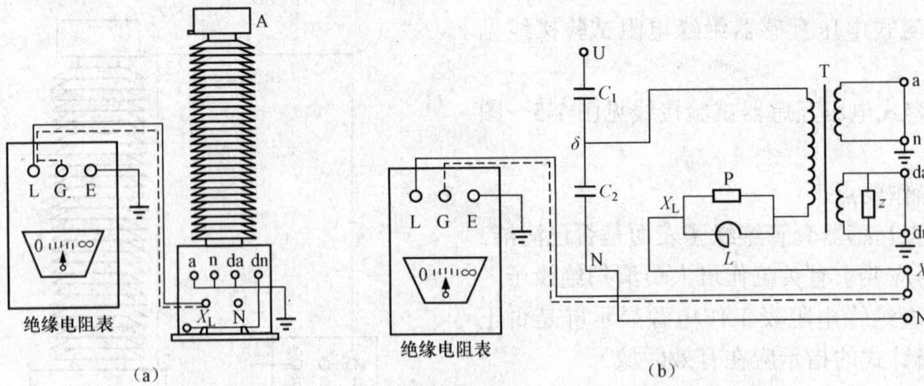

图 1-7 电容式电压互感器中间变压器绝缘电阻试验接线

（a）现场试验接线；（b）试验接线原理图

6）测量时应记录当时的环境温度、湿度及使用仪器等。

（3）关键步骤的控制。

1）拆除的互感器引线要与互感器端部保持一定的安全距离。

2）变更试验接线时，被试绕组要对地充分放电，再接地；变更试验接线后，被试端的接地应取下，方可继续试验。

3.2.5.3 介质损耗因数测量和电容量

（1）试验接线。

1）电流互感器的电容量及 tanδ 试验接线（正接法）见图 1-8。

2）电磁式电压互感器的 tanδ 试验接线（末端屏蔽法）见图 1-9。

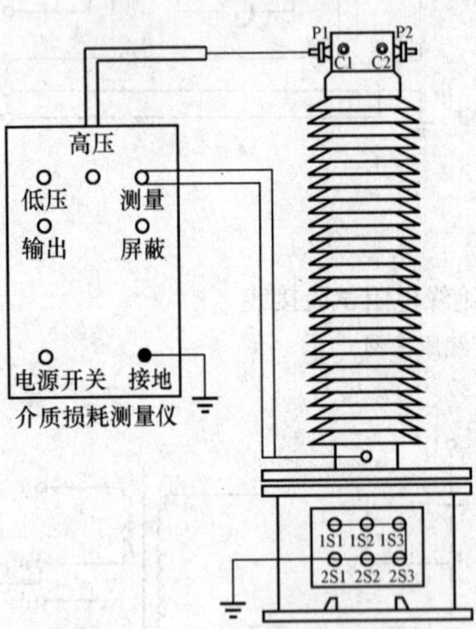

图 1-8 电流互感器的电容量及 tanδ 试验接线（正接法）

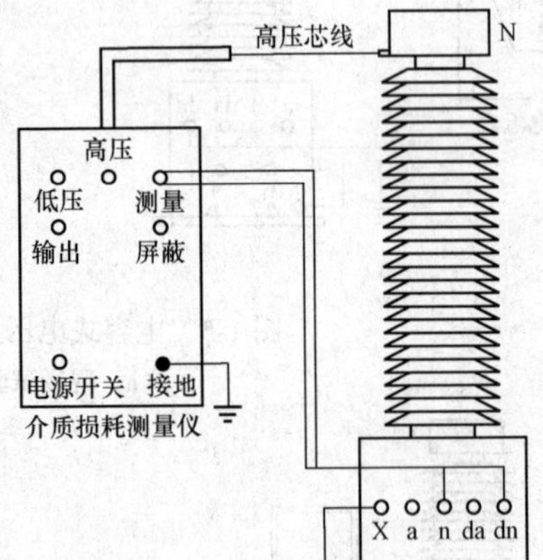

图 1-9 电磁式电压互感器的 tanδ 试验接线（末端屏蔽法）

3）电容式电压互感器，见图 1-10。

（2）操作要点。

1）测量前必须认真检查仪器是否完好，电源开关在断开位置，试验接线正确无误。仪器金属外壳接地应良好，接地不良会引起仪器保护动作或测量数据严重波动。

2）选择正确的试验电压和接线方式。

3）在完成测量时末屏要及时恢复接地，以防止末屏对地放电。

4）测量时应记录当时的环境温度、湿度及使用仪器等。

（3）关键步骤的控制。

1）拆除的互感器引线要与互感器端部保持一定的安全距离，并固定好。

2）互感器上严禁有其他工作人员作业，并取得试验负责人许可，方可加压，加压过程中应有人监护并呼唱。

3）变更接线或试验结束时，应首先断开试验电源（有明显的断开点），再对地放电。

4）试验结束后要检查末屏确已恢复接地。

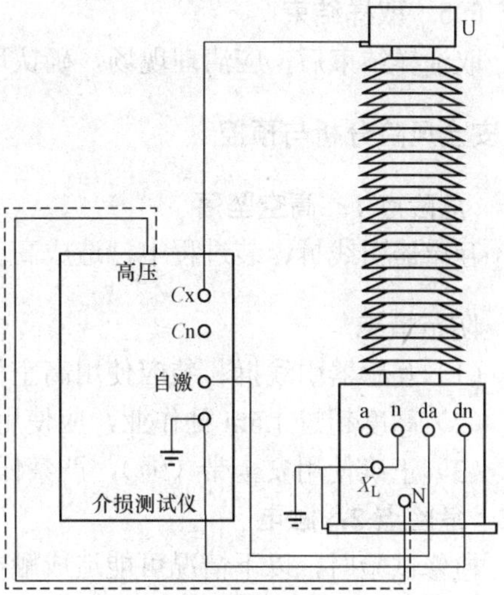

图 1-10　电容式电压互感器 C_1、C_2 的电容量及 $\tan\delta$ 试验接线（自激法）

3.2.6　互感器取油

3.2.6.1　取样容器质量控制

100mL 注射器应气密性好（气密性检查采用 GB/T 17623 规定的方法：用玻璃注射器取可检出氢气含量的油样，储存至少两周，在储存开始和结束时，分析样品中的氢气含量，以检验注射器的气密性。合格的注射器每周允许损失的氢气含量应小于 2.5%）。注射器芯塞应无卡涩，可自由滑动。

取样注射器使用前，应顺序用有机溶剂、自来水、蒸馏水洗净，在 105℃下充分干燥，干燥后，立即用小胶帽盖住头部，粘贴标签待用（最好保存在干燥器中）。

3.2.6.2　取样方法

（1）通常从互感器油箱下部取样口进行取样。

（2）取样过程要求全密封，即取样连接方式可靠、既不能让油中溶解水分及气体逸散，也不能混入空气，操作时油中不得产生气泡。

（3）取样应在晴天进行。取样后要求注射器芯子能自由活动，以避免形成负压空腔。

3.2.6.3　取样操作

（1）应先排净取样接头及放油管内残存的空气。

（2）利用油本身压力使油注入注射器。

（3）用油湿润和冲洗注射器 2～3 次。

（4）油样达到所需取样量时，取下注射器，排出注射器内的空气，立即用小胶头封住注射器头部。

（5）将注射器置于专用油样盒内，填好样品标签。

3.2.6.4　取样量

取样量应符合下列要求：

（1）进行油中水分含量测定用的油样，可同时用于油中溶解气体分析，不必单独取样。

（2）做溶解气体分析时，取样量为 60～80mL。

（3）专用于测定油中水分含量的油样，可取 10～20mL。

3.2.6.5　取样结束

取油样结束后，应清理现场，确认现场没有遗留物。

4　安全风险分析与预控

4.1　危险点 1：高空坠落

互感器引线拆、装过程中，造成高空坠落。

防范措施

（1）互感器引线拆、装应使用高空作业车或搭脚手架。

（2）高度超过 1.5m 处作业，应使用安全带。

（3）正确使用安全带（绳），严禁低挂高用或系挂在不牢固的构件上。

4.2　危险点 2：触电

检修试验时，以下情况可能造成触电：

（1）拆接电源时人员触电。

（2）误入带电间隔。

（3）二次倒送造成触电。

（4）现场使用高空作业车操作不规范造成触电。

（5）感应电，易引起人身伤害意外事故。

防范措施

（1）拆接电源应两人进行，一人监护一人操作，防止人身触电事故。

（2）确认现场安全措施与工作票上所列安全措施一致；进入检修现场、攀登设备前，须核对设备的双重名称、编号。

（3）断开二次侧隔离开关或空气断路器，在操作把手上挂“禁止合闸，有人工作”标示牌；取下熔断器，确认无电压后，方可开始工作。

（4）现场使用高空作业车应设专人指挥、专人监护；高空作业车分臂、伸臂、转向时应与母线、变电站内带电设备保持足够的安全距离；带电设备区域内使用高空作业车时，车身应使用不小于 $16mm^2$ 的软铜线可靠接地。

（5）防止感应电，在设备导电部位的工作应使用临时个人保安线。

4.3　危险点 3：试验操作不当，造成人员伤害和仪器损坏

试验时，以下情况可能造成人员伤害：

（1）试验现场不设安全围栏，可能会使非试验人员进入试验场地，造成触电。

（2）试验加压过程中不实行呼唱制度或执行不规范，易造成人身触电事故。

（3）试验设备接地不好，可能会对试验人员造成伤害。

（4）加压试验人员未站在绝缘垫上，可能会对试验人员造成伤害。

（5）试验时，互感器对引线放电造成设备和人身伤害事故。

（6）进行绝缘电阻测量和直流试验后不对互感器充分放电，会发生电击。

防范措施

（1）试验现场应装设遮拦或围栏，遮栏或围栏与试验设备高压部分应有足够的安全距离，向外悬挂“止步，高压危险！”的标示牌，并派人看守；被试设备两端不在同一地点时，另一

端还应派人看守。

（2）加压过程中应有人监护呼唱；当出现异常情况时，应立即停止试验，降低电压，断开电源，被试品进行接地放电后再对其进行检查，查明原因后，方可继续试验。

（3）试验器具的金属外壳应可靠接地；试验仪器与设备的接线应牢固可靠。

（4）加压试验人员要站在绝缘垫上。

（5）拆除的互感器引线要与套管端部保持一定的安全距离；引线用绝缘绳绑牢。

（6）每次试验完毕应首先应断开电源（有明显的断开点）；变更试验接线或加压试验结束时，被试互感器要对地充分放电；高压直流试验时，每告一段落或试验结束时，应将设备对地放电数次并短路接地。

5 管理与记录要求

（1）召开班后会。

（2）将班前会和班后会录音上传，并做好记录。

（3）编写检修试验报告并上传。

6 作业案例

6.1 ××变电站110kV××线×××电容式电压互感器例行试验（参见图1-11～图1-15）

图1-11 电容式电压互感器外观

图1-12 测量绝缘电阻接线

图1-13 测量绝缘电阻二次接线

图1-14 测量介损及电容量接线

图1-15 测量介损及电容量二次接线

6.1.1 作业前准备

（1）工作负责人根据作业内容编制安全质量控制卡。

（2）工作负责人在生产管理系统开具变电站电气第一种工作票并办理相关许可手续。

（3）整理所需工器具及材料。

（4）到达现场，经工作许可后开始工作。

6.1.2 作业中控制

（1）中间变压器一次绕组（X 端）对二次绕组及地应大于 1000MΩ，二次绕组之间及对地应大于 10MΩ。

（2）tanδ：膜纸复合绝缘型不超过 0.2%，油纸绝缘型不超过 0.5%。

（3）每节电容值偏差不超出额定值的−5%～+10%范围。

（4）工器具清点，清理现场。

（5）填写检修记录。

（6）办理工作票终结。

6.1.3 作业后小结

（1）召开班后会，对本次安全质量控制卡进行评估。

（2）上传检修报告和录音。

（3）工作票、安全质量控制卡归档。

6.2 ××变电站 110kV××线×××单元油浸式电流互感器取油工作

6.2.1 作业前准备

（1）工作负责人根据作业内容编制安全质量控制卡。

（2）工作负责人在生产管理系统开具电气第二种工作票并办理相关许可手续。

（3）整理所需工器具及材料。注射器应贴上标签，填写好标签内容。标签的内容应有单位、设备名称、运行编号、型号、取样人、取样日期、取样部位、取样天气等。

（4）到达现场后，经工作许可后开始工作。

6.2.2 作业中控制

（1）取样方法。

不同型号互感器取油阀的结构有所不同，应根据具体情况采取合适的方法。常见互感器的取油阀如图 1-16 圆圈所示。

图 1-16 互感器的取油阀

（2）检查取油阀外观，如果有污秽，应用纱布擦干净。

（3）用扳手旋开取油阀螺帽，如图 1-17 所示，在放油嘴上接上取油软管，旋松或顶开取油阀内部的逆止阀，放出少量油样，排净取样接头及管路内残存的空气，放出的油样应用小油桶承接，勿洒落地面。

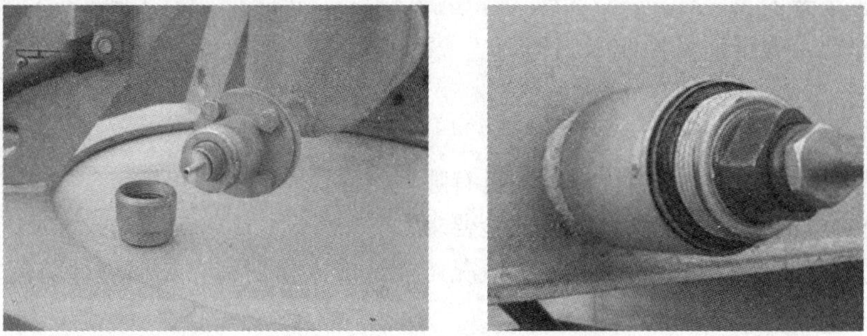

图 1-17　互感器取油阀结构

（4）在取油软管另一端接上注射器，利用油本身压力使油注入注射器，如图 1-18 所示。

（5）用油湿润和冲洗注射器 2～3 次，如图 1-19 所示。

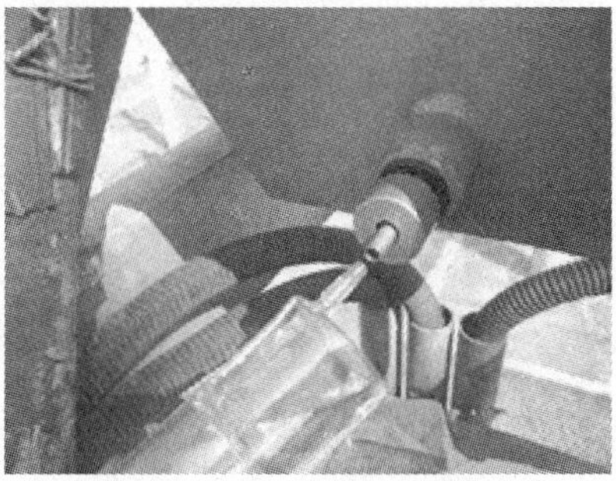

图 1-18　取油软管与取油阀、注射器连接情况

图 1-19　用油润洗注射器

（6）将油样置于专用容器箱中，避免剧烈振动，防止容器破碎，如图 1-20 所示。

（7）关紧阀门，并用布擦拭干净，对老化或损坏的密封圈必须更换，防止渗漏油，如图 1-21 所示。

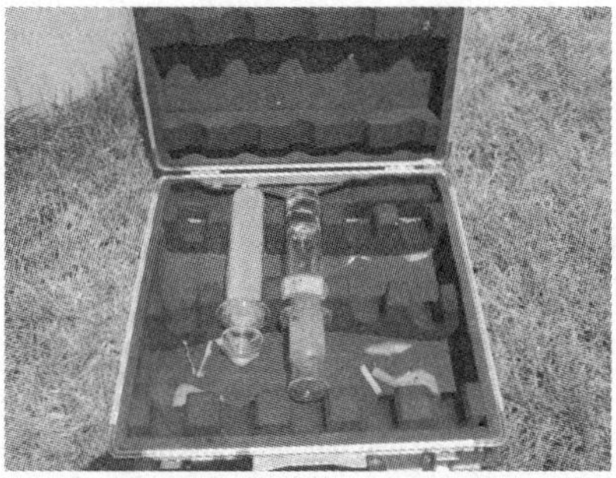

图 1-20　油样专用容器箱

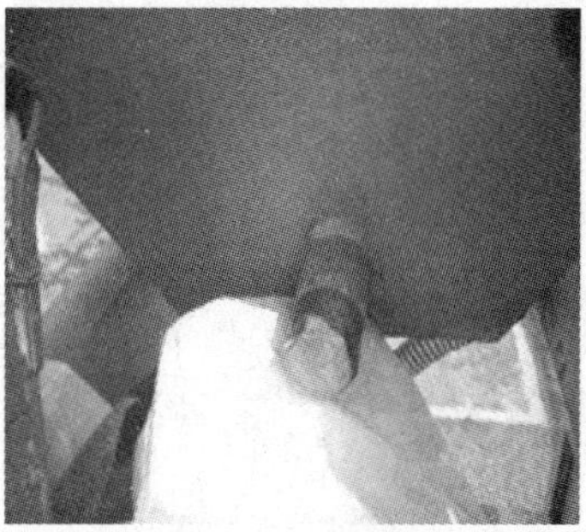

图 1-21　擦净取油阀

（8）清理现场。

（9）办理工作票终结。

6.2.3 作业后小结

（1）召开班后会；

（2）上传录音；

（3）工作票、安全质量控制卡归档。

思考与练习

1．油浸式电流互感器的例行试验项目有哪些?

2．油浸式电流互感器绝缘电阻的试验要求?

3．油浸式互感器例行试验时，哪些情况可能造成人员伤害？如何进行防范？

第二部分 标准化作业文本

1 电流互感器例行试验标准化作业指导书

××变电站×××电流互感器

例行试验作业指导书

编写：________ ________ 年 _____月 _____日

审核：________ ________ 年 _____月 _____日

批准：________ ________ 年 _____月 _____日

工作负责人：

作业日期：　　年　月　日　时 至　年　月　日　时

××××公司

1 范围

本作业指导书适用于××变电站×××线电流互感器高压例行试验。

2 引用文件

GB 1208—2006　　《电流互感器》

Q/GDW 168—2008　《输变电设备状态检修试验规程》

3 试验前准备

3.1 准备工作安排

√	序号	内　　容	标　准	责任人	备注
	1	根据试验性质，确定试验项目，组织作业人员学习作业指导书，使全体作业人员熟悉作业内容、作业标准和安全注意事项	不缺项、漏项		
	2	了解被试设备出厂和历史试验数据，分析设备状况	明确设备状况		
	3	根据现场工作时间和工作内容填写工作票	工作票填写正确		
	4	准备试验用仪器仪表，所用仪器仪表良好，有校验要求的仪表应在校验周期内	仪器良好		

3.2 人员要求

√	序号	内　　容	责任人	备　注
	1	现场作业人员应身体健康、精神状态良好		
	2	具备必要的电气知识和高压试验技能，能正确操作试验设备，了解被试设备有关技术标准要求，能正确分析试验结果		
	3	熟悉现场安全作业要求，并经《电业安全工作规程》考试合格		

3.3 仪器仪表、工器具及材料

√	序号	名　　称	规　格	单 位	数 量	备　注
	1	2500V 绝缘电阻表	1000～5000V	只	1	
	2	介损测试仪	10kV	台	1	
	3	电源缆盘（带有单相插座）		个	1	
	4	开关板（带有明显断开点隔离开关）		个	1	
	5	乙烯带		卷	1	
	6	工具箱		箱	1	
	7	安全带		条	2	
	8	线包（含有夹子、叉子及对接套）		个	2	

表（续）

√	序号	名　　称	规 格	单 位	数 量	备　注
	9	有防滑的绝缘梯子		架	1	
	10	干湿温度计		只	1	
	11	计算器		只	1	
	12	白布		件	2	
	13	红马甲		件	1	
	14	录音笔		支	1	
	15	放电棒		支	1	
	16	绝缘手套		副	1	
	17	绝缘垫		块	1	
	18	安全围网及标示牌		套	1	
	19	数字式万用表		只	1	
	20	被试设备的历年记录的试验记录本		本	1	

3.4　危险点分析

√	序号	内　　容
	1	互感器引线拆、装过程中，造成高空坠落
	2	拆接电源时人员触电
	3	误入带电间隔
	4	二次倒送造成触电
	5	现场使用高空作业车操作不规范造成触电
	6	感应电，易引起人身伤害意外事故
	7	试验现场不设安全围栏，可能会使非试验人员进入试验场地，造成触电
	8	试验加压过程中不实行呼唱制度或执行不规范，易造成人身触电事故
	9	试验设备接地不好，可能会对试验人员造成伤害
	10	加压试验人员未站在绝缘垫上，可能会对试验人员造成伤害
	11	试验时，互感器对引线放电造成设备和人身伤害事故
	12	进行绝缘电阻测量和直流试验后不对互感器充分放电，会发生电击

3.5　安全措施

√	序号	内　　容
	1	互感器引线拆、装应使用高空作业车或搭脚手架；高度超过 1.5m 处作业，应使用安全带；正确使用安全带（绳），严禁低挂高用或系挂在不牢固的构件上
	2	拆接电源应两人进行，一人监护一人操作，防止人身触电事故
	3	确认现场安全措施与工作票上所列安全措施一致；进入检修现场、攀登设备前，须核对设备的双重名称、编号

表（续）

√	序号	内容
	4	断开二次侧隔离开关或空气断路器，在操作把手上挂“禁止合闸，有人工作”标示牌；取下熔断器，确认无电压后，方可开始工作
	5	现场使用高空作业车应设专人指挥、专人监护；高空作业车分臂、伸臂、转向时应与母线、变电站内带电设备保持足够的安全距离；带电设备区域内使用高空作业车时，车身应使用不小于16mm^{2}的软铜线可靠接地
	6	防止感应电，在设备导电部位的工作应使用临时个人保安线
	7	试验现场应装设遮拦或围栏，遮栏或围栏与试验设备高压部分应有足够的安全距离，向外悬挂“止步，高压危险！”的标示牌，并派人看守；被试设备两端不在同一地点时，另一端还应派人看守
	8	加压过程中应有人监护呼唱；当出现异常情况时，应立即停止试验，降低电压，断开电源，被试品进行接地放电后再对其进行检查，查明原因后，方可继续试验
	9	试验器具的金属外壳应可靠接地；试验仪器与设备的接线应牢固可靠
	10	加压试验人员要站在绝缘垫上
	11	拆除的互感器引线要与套管端部保持一定的安全距离；引线用绝缘绳绑牢
	12	每次试验完毕应首先应断开电源（有明显的断开点）；变更试验接线或加压试验结束时，被试互感器要对地充分放电；高压直流试验时，每告一段落或试验结束时，应将设备对地放电数次并短路接地

3.6 人员分工

√	序号	试验项目	作业人员
	1	电流互感器绕组及末屏的绝缘电阻测量	
	2	电流互感器介质损耗δ及电容量测量	

4 试验程序

4.1 开工

√	序号	内容	到位人员签字
	1	作业负责人全面检查现场安全措施是否与工作票一致，是否与现场设备相符	
	2	作业负责人向工作人员交待工作地点、工作任务、安全措施和注意事项	

4.2 试验项目和操作标准

√	序号	试验项目	试验方法	安全措施及注意事项	试验标准	责任人签字
	1	电流互感器绕组及末屏的绝缘电阻测量	1．采用2500V绝缘电阻表测量。 2．两个一次绕组时，还应测量一次绕组间的绝缘电阻；有末屏端子的，应测量末屏对地绝缘电阻。 3．时对非被测绕组（或末屏），外壳应接地	1．时应做好防止高空坠落措施和注意保持与带电设备距离。 2．完毕应对被测绕组对地充分放电。 3．过程应有专人监护并呼唱，当出现异常情况时，应立即停止试验，降低电压，断开电源，被试品进行接地放电后再对其进行检查，查明原因后，方可继续试验	1．两个一次绕组时，还应测量一次绕组间的绝缘电阻，测量结果应符合要求。 2．绕组的绝缘电阻应大于3000MΩ，或与上次测量无显著差别，与初值差不超过初值的－50%（注意值）。 3．对地（电容型）的绝缘电阻应大于1000MΩ（注意值）	

表（续）

√	序号	试验项目	试验方法	安全措施及注意事项	试验标准	责任人签字
	2	电流互感器 tanδ及电容量测量	1．前应确认外绝缘表面清洁、干燥。 2．缘 tanδ试验电压为 10kV，末屏对地 tanδ试验电压为 2kV	1．时应做好防止高空坠落措施和注意保持与带电设备距离。 2．完毕应对被测绕组对地充分放电。 3．过程应有专人监护并呼唱，当出现异常情况时，应立即停止试验，降低电压，断开电源，被试品进行接地放电后再对其进行检查，查明原因后，方可继续试验	1．主绝缘 tanδ（%）不大于 0.007（注意值），聚四氟乙烯不大于 0.005（注意值），超过注意值时，测量电压从 10kV 到 $U_m/\sqrt{3}$，介损值的增量应不大于±0.003，且介质损耗因数不大于 0.008。 2．电容型电流互感器主绝缘电容量与初始值或出厂值偏差应不大于±5%（警示值）。 3．容型电流互感器末屏对地绝缘电阻小于 1000MΩ时，应测量末屏对地 tanδ，其值通常要求小于 0.015	

4.3 竣工

√	序号	内　　容	责任人签字
	1	拆除试验临时电源接线	
	2	检查被试设备上有无遗留工器具和试验用导地线	
	3	将被试设备的一、二次接线恢复正常	
	4	清点工具，清理试验现场，拆除试验临时安全围栏	
	5	工作结束后检查被试设备是否有遗留物，把被试设备恢复至试验前状态	
	6	向运行人员报告被试设备试验结果	
	7	办理工作票终结手续	

5　信息记录

试验类型	试验内容	信　息　情　况
红外测温	高压引线连接处	
	本体	
在线监测	实时数据、曲线趋势	
停电情况	历年数据	

6　试验总结

序号	试　验　总　结	
1	试验结果	
2	存在问题及处理意见	

7　作业指导书执行情况评估

评估内容	符合性	优		可操作项	
		良		不可操作项	
	可操作性	优		建议修改项	
		良		遗漏项	
存在问题					
改进意见					

8　附录

试验记录：							
试验日期		天气		环境温度		环境湿度	
工作内容							
试验负责人		试验参加人					
记录		审核					

电流互感器试验记录

一、铭牌

相别	型　号	制造厂	出厂编号	出厂日期	额定电压	电流比
U						
V						
W						

二、绝缘电阻测试（单位：MΩ）

相别	I / II、E	II / I、E	末屏 / I、E
U			
V			
W			
使用仪器			

三、介质损耗与电容量测试

相别	接法	电压（kV）	$\tan\delta$（%）	C_x（pF）	C_n（pF）	误差（%）
U						
V						
W						
使用仪器						

四、结论

××变电站×××电容式电压互感器
例行试验作业指导书

编写：________ ________ 年 _____月 _____日

审核：________ ________ 年 _____月 _____日

批准：________ ________ 年 _____月 _____日

工作负责人：

作业日期：　　年　月　日　时 至　年　月　日　时

××××公司

1 范围

本作业指导书适用于××变电站×××线电容式电压互感器例行试验。

2 引用文件

GB 703—2001 《电容式电压互感器》
Q/GDW 168—2008 《输变电设备状态检修试验规程》

3 试验前准备工作安排

3.1 准备工作安排

√	序号	内 容	标 准	责任人	备 注
	1	根据试验性质，确定试验项目，组织作业人员学习作业指导书，使全体作业人员熟悉作业内容、作业标准和安全注意事项	不缺项、漏项		
	2	了解被试设备出厂和历史试验数据，分析设备状况	明确设备状况		
	3	根据现场工作时间和工作内容填写工作票	工作票填写正确		
	4	准备试验用仪器仪表，所用仪器仪表良好，有校验要求的仪表应在校验周期内	仪器良好		

3.2 人员要求

√	序号	内 容	责任人	备 注
	1	现场作业人员应身体健康、精神状态良好		
	2	具备必要的电气知识和高压试验技能，能正确操作试验设备，了解被试设备有关技术标准要求，能正确分析试验结果		
	3	熟悉现场安全作业要求，并经《电业安全工作规程》考试合格		

3.3 仪器仪表、工器具及材料

√	序号	名 称	规 格	单 位	数 量	备 注
	1	2500V 绝缘电阻表	1000～5000V	只	1	
	2	介损测试仪	10kV	台	1	
	3	电源缆盘（带有单相插座）		个	1	
	4	开关板（带有明显断开点隔离开关）		个	1	
	5	乙烯带		卷	1	
	6	工具箱		箱	1	

表（续）

√	序号	名　　称	规　格	单 位	数 量	备 注
	7	安全带		条	2	
	8	线包（含有夹子、叉子及对接套）		个	2	
	9	有防滑的绝缘梯子		架	1	
	10	干湿温度计		只	1	
	11	计算器		只	1	
	12	白布		件	2	
	13	红马甲		件	1	
	14	录音笔		支	1	
	15	放电棒		支	1	
	16	绝缘手套		副	1	
	17	绝缘垫		块	1	
	18	安全围网及标示牌		套	1	
	19	数字式万用表		只	1	
	20	被试设备的历年记录的试验记录本		本	1	

3.4　危险点分析

√	序号	内　　容
	1	互感器引线拆、装过程中，造成高空坠落
	2	拆接电源时人员触电
	3	误入带电间隔
	4	二次倒送造成触电
	5	现场使用高空作业车操作不规范造成触电
	6	感应电，易引起人身伤害意外事故
	7	试验现场不设安全围栏，可能会使非试验人员进入试验场地，造成触电
	8	试验加压过程中不实行呼唱制度或执行不规范，易造成人身触电事故
	9	试验设备接地不好，可能会对试验人员造成伤害
	10	加压试验人员未站在绝缘垫上，可能会对试验人员造成伤害
	11	试验时，互感器对引线放电造成设备和人身伤害事故
	12	进行绝缘电阻测量和直流试验后不对互感器充分放电，会发生电击

3.5　安全措施

√	序号	内　　容
	1	互感器引线拆、装应使用高空作业车或搭脚手架；高度超过 1.5m 处作业，应使用安全带；正确使用安全带（绳），严禁低挂高用或系挂在不牢固的构件上
	2	拆接电源应两人进行，一人监护一人操作，防止人身触电事故

表（续）

√	序号	内　　容
	3	确认现场安全措施与工作票上所列安全措施一致；进入检修现场、攀登设备前，须核对设备的双重名称、编号
	4	断开二次侧隔离开关或空气断路器，在操作把手上挂“禁止合闸，有人工作”标示牌；取下熔断器，确认无电压后，方可开始工作
	5	现场使用高空作业车应设专人指挥、专人监护；高空作业车分臂、伸臂、转向时应与母线、变电站内带电设备保持足够的安全距离；带电设备区域内使用高空作业车时，车身应使用不小于 $16mm^2$ 的软铜线可靠接地
	6	防止感应电，在设备导电部位的工作应使用临时个人保安线
	7	试验现场应装设遮拦或围栏，遮栏或围栏与试验设备高压部分应有足够的安全距离，向外悬挂“止步，高压危险!”的标示牌，并派人看守；被试设备两端不在同一地点时，另一端还应派人看守
	8	加压过程中应有人监护呼唱；当出现异常情况时，应立即停止试验，降低电压，断开电源，被试品进行接地放电后再对其进行检查，查明原因后，方可继续试验
	9	试验器具的金属外壳应可靠接地；试验仪器与设备的接线应牢固可靠
	10	加压试验人员要站在绝缘垫上
	11	拆除的互感器引线要与套管端部保持一定的安全距离；引线用绝缘绳绑牢
	12	每次试验完毕应首先应断开电源（有明显的断开点）；变更试验接线或加压试验结束时，被试互感器要对地充分放电；高压直流试验时，每告一段落或试验结束时，应将设备对地放电数次并短路接地

3.6 人员分工

√	序号	试 验 项 目	作 业 人 员
	1	二次绕组绝缘电阻测量	
	2	分压电容器绝缘电阻测量	
	3	分压电容器 $\tan\delta$ 及电容量测量	

4 试验程序

4.1 开工

√	序号	内　　容	到位人员签字
	1	作业负责人全面检查现场安全措施是否与工作票一致，是否与现场设备相符	
	2	作业负责人向工作人员交待工作地点、工作任务、安全措施和注意事项	

4.2 试验项目和操作标准

√	序号	试验项目	试验方法	安全措施及注意事项	试验标准	责任人签字
	1	二次绕组绝缘电阻测量	1．二次绕组绝缘电阻可以使用 1000V 绝缘电阻表。 2．后应对被试绕组充分放电	1．做好防止高空坠落措施和注意保持与带电设备距离。 2．完毕应对被测绕组对地充分放电。	二次绕组对一次绕组及地的绝缘电阻≥10MΩ	

表（续）

√	序号	试验项目	试验方法	安全措施及注意事项	试验标准	责任人签字
	1	二次绕组绝缘电阻测量		3．过程应有专人监护并呼唱，当出现异常情况时，应立即停止试验，降低电压，断开电源，被试品进行接地放电后再对其进行检查，查明原因后，方可继续试验		
	2	分压电容器绝缘电阻测量	1．2500V 绝缘电阻表测量极间绝缘电阻。 2．1000V 绝缘电阻表测量低压端对地绝缘电阻	1．时应做好防止高空坠落措施和注意保持与带电设备距离。 2．完毕应对被测绕组对地充分放电。 3．过程应有专人监护并呼唱，当出现异常情况时，应立即停止试验，降低电压，断开电源，被试品进行接地放电后再对其进行检查，查明原因后，方可继续试验	极间绝缘电阻≥5000MΩ	
	3	分压电容器 tan δ 及电容量测量	1．前应确认外绝缘表面清洁、干燥。 2．多节串联的，应分节测量。分压电容器上节及耦 C 宜采用正接线单独测量，测量电压 10kV。对于电容式 TV 建议采用自励法测量 C_1、C_2。 3．电容式电压互感器测量 C_1、C_2 介质损耗时，试验电压应按照厂家说明书进行，一般控制中压端子对地电压不超过 2.5kV；测量 C_2 时应防止补偿电抗器的限压元件损坏，控制二次回路规定值，一般不大于 10A	1．时应做好防止高空坠落措施和注意保持与带电设备距离。 2．测量完毕应对被测绕组对地充分放电。 3．试验过程应有专人监护并呼唱，当出现异常情况时，应立即停止试验，降低电压，断开电源，被试品进行接地放电后再对其进行检查，查明原因后，方可继续试验	1．容值初值差不超过±2%时（注意值）。 2．10kV 下的 $\tan\delta$ 值不大于下列数值：膜纸复合绝缘型不超过 0.25%，油纸绝缘型不超过 0.5%	

4.3 竣工

√	序号	内　　容	责任人签字
	1	拆除试验临时电源接线	
	2	检查被试设备上有无遗留工器具和试验用导地线	
	3	将被试设备的一、二次接线恢复正常	
	4	清点工具，清理试验现场，拆除试验临时安全围栏	
	5	工作结束后检查被试设备是否有遗留物，把被试设备恢复至试验前状态	
	6	向运行人员报告被试设备试验结果	
	7	办理工作票终结手续	

5 信息记录

试验类型	试验内容	信 息 情 况
红外测温	高压引线连接处	
	本体	
在线监测	实时数据、曲线趋势	
停电情况	历年数据	

6 试验总结

序号	试 验 总 结	
1	试验结果	
2	存在问题及处理意见	

7 作业指导书执行情况评估

<table>
<tr><td rowspan="4">评估内容</td><td rowspan="2">符合性</td><td>优</td><td></td><td>可操作项</td><td></td></tr>
<tr><td>良</td><td></td><td>不可操作项</td><td></td></tr>
<tr><td rowspan="2">可操作性</td><td>优</td><td></td><td>建议修改项</td><td></td></tr>
<tr><td>良</td><td></td><td>遗漏项</td><td></td></tr>
<tr><td>存在问题</td><td colspan="5"></td></tr>
<tr><td>改进意见</td><td colspan="5"></td></tr>
</table>

8 附录

试验记录：							
试验日期		天气		环境温度		环境湿度	
工作内容							
试验负责人		试验参加人					
记录		审核					

电流互感器试验记录

一、铭牌						
相别	型号	制造厂	出厂编号	出厂日期	额定电压	变压比
U上						
U下						
V上						
V下						

表（续）

相别	型号	制造厂	出厂编号	出厂日期	额定电压	变压比
W上						
W下						

二、绝缘电阻测试（单位：MΩ）

相别	I/II、E	II/I、E	II之间	末屏/E	极间绝缘
U上					
U下					
V上					
V下					
W上					
W下					
使用仪器					

三、电容量及介质损耗测试

相别	电容器	接法	电压（kV）	tan δ（%）	C_x（pF）	C_n（pF）	误差（%）
U上	C1						
	C2						
	C总						
U下	C1						
	C2						
	C总						
V上	C1						
	C2						
	C总						
V下	C1						
	C2						
	C总						
W上	C1						
	C2						
	C总						
W下	C1						
	C2						
	C总						
使用仪器							

四、结论

××变电站×××电磁式电压互感器
例行试验作业指导书

编写：________ ________ 年 _____月 _____日

审核：________ ________ 年 _____月 _____日

批准：________ ________ 年 _____月 _____日

工作负责人：

作业日期： 年 月 日 时 至 年 月 日 时

××××公司

1 范围

本作业指导书适用于××变电站×××线电磁式电压互感器例行试验。

2 引用文件

GB 1207—2006 《电压互感器》
Q/GDW 168—2008 《输变电设备状态检修试验规程》

3 试验前准备工作安排

3.1 准备工作安排

√	序号	内　　容	标　准	责任人	备 注
	1	根据试验性质，确定试验项目，组织作业人员学习作业指导书，使全体作业人员熟悉作业内容、作业标准和安全注意事项	不缺项、漏项		
	2	了解被试设备出厂和历史试验数据，分析设备状况	明确设备状况		
	3	根据现场工作时间和工作内容填写工作票	工作票填写正确		
	4	准备试验用仪器仪表，所用仪器仪表良好，有校验要求的仪表应在校验周期内	仪器良好		

3.2 人员要求

√	序号	内　　容	责任人	备 注
	1	现场作业人员应身体健康、精神状态良好		
	2	具备必要的电气知识和高压试验技能，能正确操作试验设备，了解被试设备有关技术标准要求，能正确分析试验结果		
	3	熟悉现场安全作业要求，并经《电业安全工作规程》考试合格		

3.3 仪器仪表、工器具及材料

√	序号	名　　称	规 格	单 位	数 量	备　注
	1	2500V 绝缘电阻表	1000～5000V	只	1	
	2	介损测试仪	10kV	台	1	
	3	电源缆盘（带有单相插座）		个	1	
	4	开关板（带有明显断开点隔离开关）		个	1	
	5	乙烯带		卷	1	
	6	工具箱		箱	1	
	7	安全带		条	2	

表（续）

√	序号	名　　称	规　格	单 位	数 量	备　注
	8	线包（含有夹子、叉子及对接套）		个	2	
	9	有防滑的绝缘梯子		架	1	
	10	干湿温度计		只	1	
	11	计算器		只	1	
	12	白布		件	2	
	13	红马甲		件	1	
	14	录音笔		支	1	
	15	放电棒		支	1	
	16	绝缘手套		副	1	
	17	绝缘垫		块	1	
	18	安全围网及标示牌		套	1	
	19	数字式万用表		只	1	
	20	被试设备的历年记录的试验记录本		本	1	

3.4 危险点分析

√	序号	内　　容
	1	互感器引线拆、装过程中，造成高空坠落
	2	拆接电源时人员触电
	3	误入带电间隔
	4	二次倒送造成触电
	5	现场使用高空作业车操作不规范造成触电
	6	感应电，易引起人身伤害意外事故
	7	试验现场不设安全围栏，可能会使非试验人员进入试验场地，造成触电
	8	试验加压过程中不实行呼唱制度或执行不规范，易造成人身触电事故
	9	试验设备接地不好，可能会对试验人员造成伤害
	10	加压试验人员未站在绝缘垫上，可能会对试验人员造成伤害
	11	试验时，互感器对引线放电造成设备和人身伤害事故
	12	进行绝缘电阻测量和直流试验后不对互感器充分放电，会发生电击

3.5 安全措施

√	序号	内　　容
	1	互感器引线拆、装应使用高空作业车或搭脚手架；高度超过 1.5m 处作业，应使用安全带；正确使用安全带（绳），严禁低挂高用或系挂在不牢固的构件上
	2	拆接电源应两人进行，一人监护一人操作，防止人身触电事故
	3	确认现场安全措施与工作票上所列安全措施一致；进入检修现场、攀登设备前，须核对设备的双重名称、编号

表（续）

√	序号	内　　容
	4	断开二次侧隔离开关或空气断路器，在操作把手上挂"禁止合闸，有人工作"标示牌；取下熔断器，确认无电压后，方可开始工作
	5	现场使用高空作业车应设专人指挥、专人监护；高空作业车分臂、伸臂、转向时应与母线、变电站内带电设备保持足够的安全距离；带电设备区域内使用高空作业车时，车身应使用不小于 $16mm^2$ 的软铜线可靠接地
	6	防止感应电，在设备导电部位的工作应使用临时个人保安线
	7	试验现场应装设遮拦或围栏，遮栏或围栏与试验设备高压部分应有足够的安全距离，向外悬挂"止步，高压危险！"的标示牌，并派人看守；被试设备两端不在同一地点时，另一端还应派人看守
	8	加压过程中应有人监护呼唱；当出现异常情况时，应立即停止试验，降低电压，断开电源，被试品进行接地放电后再对其进行检查，查明原因后，方可继续试验
	9	试验器具的金属外壳应可靠接地；试验仪器与设备的接线应牢固可靠
	10	加压试验人员要站在绝缘垫上
	11	拆除的互感器引线要与套管端部保持一定的安全距离；引线用绝缘绳绑牢
	12	每次试验完毕应首先应断开电源（有明显的断开点）；变更试验接线或加压试验结束时，被试互感器要对地充分放电；高压直流试验时，每告一段落或试验结束时，应将设备对地放电数次并短路接地

3.6 人员分工

√	序号	试　验　项　目	作　业　人　员
	1	一、二次绕组绝缘电阻测量	
	2	$\tan\delta$及电容量测量	

4 试验程序

4.1 开工

√	序号	内　　容	到位人员签字
	1	作业负责人全面检查现场安全措施是否与工作票一致，是否与现场设备相符	
	2	作业负责人向工作人员交待工作地点、工作任务、安全措施和注意事项	

4.2 试验项目和操作标准

√	序号	试验项目	试验方法	安全措施及注意事项	试验标准	责任人签字
	1	一、二次绕组绝缘电阻测量	1. 测量二次绕组绝缘电阻可以使用1000V绝缘电阻表，测量一次绕组可以使用2500V绝缘电阻表。 2. 测量时，非被测绕组应接地。 3. 测量后应对被试绕组充分放电	1. 接线时应做好防止高空坠落措施和注意保持与带电设备距离。 2. 测量完毕应对被测绕组对地充分放电。 3. 试验过程应有专人监护并呼唱，当出现异常情况时，应立即停止试验，降低电压，断开电源，被试品进行接地放电后再对其进行检查，查明原因后，方可继续试验	1. 二次绕组对一次绕组及地的绝缘电阻≥10MΩ。 2. 一次绕组对二次绕组及地的绝缘电阻与初值差不超过－50%（注意值）	

表（续）

√	序号	试验项目	试验方法	安全措施及注意事项	试验标准	责任人签字
	2	介质损耗因数量测量	1. 测量前应确认外绝缘表面清洁、干燥。 2. 无末屏引出时，将一次绕组首末短接，二次绕组短接，采用正接法试验；有末屏引出时，将二次绕组短接接地，采用正接法试验	1. 接线时应做好防止高空坠落措施和注意保持与带电设备距离。 2. 测量完毕应对被测绕组对地充分放电。 3. 试验过程应有专人监护并呼唱，当出现异常情况时，应立即停止试验，降低电压，断开电源，被试品进行接地放电后再对其进行检查，查明原因后，方可继续试验	介质损耗因数应符合下列要求： 串级式≤2%； 非串级式≤0.5%	

4.3 竣工

√	序号	内容	责任人签字
	1	拆除试验临时电源接线	
	2	检查被试设备上有无遗留工器具和试验用导地线	
	3	将被试设备的一、二次接线恢复正常	
	4	清点工具，清理试验现场，拆除试验临时安全围栏	
	5	工作结束后检查被试设备是否有遗留物，把被试设备恢复至试验前状态	
	6	向运行人员报告被试设备试验结果	
	7	办理工作票终结手续	

5 信息记录

试验类型	试验内容	信息情况
红外测温	高压引线连接处	
	本体	
在线监测	实时数据、曲线趋势	
停电情况	历年数据	

6 试验总结

序号	试验总结	
1	试验结果	
2	存在问题及处理意见	

7 作业指导书执行情况评估

评估内容	符合性	优		可操作项	
		良		不可操作项	
	可操作性	优		建议修改项	
		良		遗漏项	
存在问题					
改进意见					

8 附录

试验记录：							
试验日期		天气		环境温度		环境湿度	
工作内容							
试验负责人		试验参加人					
记录		审核					

电流互感器试验记录

一、铭牌						
相别	型号	制造厂	出厂编号	出厂日期	额定电压	变压比
U上						
U下						
V上						
V下						
W上						
W下						

二、绝缘电阻测试（单位：MΩ）					
相别	I/II、E	II/I、E	II之间	末屏/E	极间绝缘
U上					
U下					
V上					
V下					
W上					
W下					
使用仪器					

三、电容量及介损测试							
相别	电容器	接法	电压（kV）	$\tan\delta$（%）	C_x（pF）	C_n（pF）	误差（%）
U上	C1						
	C2						
	C总						
U下	C1						
	C2						
	C总						
V上	C1						
	C2						
	C总						

表（续）

相别		接法	电压（kV）	tanδ（%）	C_x（pF）	C_n（pF）	误差（%）
V 下	C1						
	C2						
	C 总						
W 上	C1						
	C2						
	C 总						
W 下	C1						
	C2						
	C 总						
使用仪器							
四、结论							

互感器取油标准化作业指导书

编写：__________ __________ 年 ______月 ______日

审核：__________ __________ 年 ______月 ______日

批准：__________ __________ 年 ______月 ______日

工作负责人：

作业日期：　年　月　日至　年　月　日

××××公司

1 范围

本作业指导书适用于互感器取油作业。

2 引用文件

GB/T 7252—2001 《变压器油中溶解气体分析和判断导则》
GB/T 7597—2007 《电力用油取样方法》
GB/T 17623—1998 《绝缘油中溶解气体组分含量的气相色谱测定法》
Q/GDW 168—2008 《输变电设备状态检修试验规程》

3 试验前准备工作安排

3.1 准备工作安排

√	序号	作业内容	标准	责任人	备注
	1	根据试验性质，确定试验项目，组织作业人员学习作业指导书，使全体作业人员熟悉作业内容、作业标准和安全注意事项	不缺项、漏项		
	2	了解被试设备出厂和历史试验数据，分析设备状况	明确设备状况		
	3	根据现场工作时间和工作内容填写工作票	工作票填写正确		
	4	准备好工作所需的工器具、材料和备品备件	应齐全、不遗漏		

3.2 人员要求

√	序号	内容	责任人	备注
	1	现场作业人员应身体健康、精神状态良好		
	2	具备必要的电气知识和油化试验技能，能正确操作试验设备和工器具，了解被试设备有关技术标准要求，能正确分析试验结果		
	3	熟悉现场安全作业要求，并经《电业安全工作规程》考试合格		

3.3 材料和工器具

序号	名称	规格	单位	数量	备注
1	活动扳手	6"、8"、10"、15"	把	各1	
2	管钳	15"	把	1	
3	螺丝刀	大、中、小	套	1	
4	注射器	100mL（附带标签）	只	1	
5	安全带	双控	条	1	
6	油桶		只	1	
7	绝缘梯	根据设备高低而定			

表（续）

序号	名　　称	规　　格	单位	数量	备注
8	乙烯带		卷	1	
9	纱布		条	若干	

3.4 危险点分析与预控措施

√	序号	危　险　点	预　控　措　施
	1	走错间隔	工作前应认真核对设备名称、编号、工作地点
	2	高处坠落	1．上下的梯子应有人扶持或绑扎牢。 2．穿防滑性能较好的绝缘鞋。 3．正确使用安全带
	3	高空落物伤人	1．正确佩戴安全帽。 2．严禁工作人员站在工作处的垂直下方。 3．高处工作应使用工具袋，工具、器材上下传递应用绳索拴牢传递，严禁抛掷
	4	大量喷油	防止阀门开启过大，油大量喷出

4 作业程序

4.1 开工

√	序号	内　　容	作业人员签字
	1	作业负责人全面检查现场安全措施是否与工作票一致，是否与现场设备相符	
	2	作业负责人向工作人员交待工作地点、工作任务、安全措施和注意事项	

4.2 作业内容和作业标准

√	序号	作业内容	作　业　标　准	安全措施及注意事项
	1	旋开取油阀	用扳手旋开取油阀螺帽，在放油嘴上接上取油软管，旋松或顶开取油阀内部的逆止阀，放出少量油样，排净取样接头及管路内残存的空气	取样前油阀门应先用干净纱布擦净，放出的油样应用小油桶承接，勿洒落地面
	2	润洗注射器	用油湿润和冲洗注射器 2～3 次	放出的油样应用小油桶承接，勿洒落地面
	3	取样	在取油软管另一端接上注射器，利用油本身压力使油注入注射器	注意控制油流速度
	4	样品密封	当油样达到所需毫升数时，取下注射器，在排出注射器内空气后应立即用小胶头封住注射器头部	注射器内不能留有气泡
	5	装样	将装有油样的注射器置于专用装样箱中	油样应置于专用容器箱中，避免剧烈震动，防止容器破碎
	6	阀门恢复	关紧阀门，用布将取油阀擦拭干净	检查有无渗漏油。对老化或损坏的密封圈必须更换，防止渗漏油

4.3 完工

√	序号	内　　容	责任人签字
	1	清理现场，确认现场没有遗留物，设备上无遗留工器具	
	2	办理工作票终结手续	

5 完工总结

操作结果	
存在问题及处理意见	

6 作业指导书执行情况评估

<table>
<tr><td rowspan="4">评估内容</td><td rowspan="2">符合性</td><td>优</td><td></td><td>可操作项</td><td></td></tr>
<tr><td>良</td><td></td><td>不可操作项</td><td></td></tr>
<tr><td rowspan="2">可操作性</td><td>优</td><td></td><td>建议修改项</td><td></td></tr>
<tr><td>良</td><td></td><td>遗漏项</td><td></td></tr>
<tr><td>存在问题</td><td colspan="5"></td></tr>
<tr><td>改进意见</td><td colspan="5"></td></tr>
</table>

5 电流互感器例行试验安全质量控制卡

编号：××××××

班组作业安全质量控制卡

作业名称：××变电站220kV××线×××单元油浸式电流互感器例行试验

工作负责人编写：________ 审核：________ 批准：________

作业性质：本专业 计划时间：___年__月__日__时__分至___年__月__日__时__分

1 作业前

1.1 作业前内业准备

序号	名称	规格	单位	数量	确认
1．现场勘察		勾选：□已勘察 □无需勘察 * 确认栏内需签字确认			
2．工器具					
2.1	标准工具箱	标准	套	1	
2.2	线箱	标准	套	1	
2.3	绝缘电阻表	标准	台	1	
2.4	介损仪	标准	套	1	
2.5	电源盘	标准	个	1	
2.6	绝缘梯	6m 梯	架	1	
3．材料					
4．防护用品					
4.1	安全带	标准	条	1	
4.2	绝缘垫	标准	块	1	
4.3	安全围网	标准	个	1	
5．作业文件					
5.1	工作票编号				
5.2	作业文件（台账资料、历史试验记录、试验标准等）				
6．其他（录音笔、红马甲）					

1.2 出工准备

序号	名 称	确认
1	班组班前会	
2	出工三检查、独木桥制度	

2 作业中

2.1 作业组班前会

2.1.1 本作业危险点分析及安全措施交底

序号	危险点分析	安全控制措施	确认
1	工器具不合格或未正确使用	检查安全工器具、劳动防护用品是否合格齐备	
2	试验电源不合格	移动电源盘应带有漏电保护器、插座应采用插头不得使用裸导线插接。试验接线必须使用试验电源，接线前应验电，应先接零线，再接相线	
3	走错间隔	工作前认真核对设备名称、编号、位置，检查现场安全措施无误后方可开始。严禁擅自移动或拆除遮栏（围栏）、标示牌	
4	高压引线不符合要求造成人员触电	试验前检查高压引线，尽量缩短，必要时用绝缘物支持牢固。试验时，试验人员要注意不准误触误碰试验引线	
5	非试验人员误入试验场地，造成触电	试验前检查装设的安全围栏与试验设备高压部分应有足够的安全距离，向外悬挂“止步，高压危险”的标示牌，并有专人监护	
6	试验设备接地不良，造成伤害	检查试验设备的金属外壳是否可靠接地，试验仪器与设备的接线应牢固可靠	
7	加压时无专人监护或不呼唱，造成人员伤害	加压前通知有关人员离开被试设备，并取得试验负责人的许可，方可加压。试验过程应确保有人监护并呼唱	
8	变更接线或加压试验结束时，没有对试品进行充分放电可能会发生电击	变更接线或加压试验结束时，应首先断开试验电源，充分放电、短路接地。对于未装接地线的大容量被试设备，试验前充分放电	
9	登高作业可能会发生高空坠落	登高作业，应正确使用安全带，禁止安全带低挂高用。使用梯子登高时，梯子应稳固并有防滑措施，并派专人扶持	
10	自感电动势伤人	直流电阻测量开合电源瞬间，不得接触绕组线端	
11	工作结束后，设备未恢复到许可前状态造成设备损坏、人身伤害	试验结束后，试验人员对被试设备进行检查和清理，特别注意检查设备上有无遗留工器具和临时安装的接地线，并将被试设备恢复到许可前状态	

2.1.2 安全措施确认

我已知晓上述工作地点、工作内容、停电范围、作业分工、危险点及安全控制措施，精神状态良好。

确认签字：

2.2 关键工序安全质量控制

序号	关键工序	质量、安全控制	确认
1	绝缘电阻测量	1. 一次绕组对二次绕组及地的绝缘电阻＞2500MΩ。 2. 二次绕组之间及地的绝缘电阻＞500 MΩ。 3. 电容型电流互感器的末屏对地的绝阻＞1000MΩ	

表（续）

序号	关键工序	质量、安全控制	确认
2	tanδ及电容量测量	1．电容型电流互感器的主绝缘电容量与出厂值相对差别超过±5%时应查明原因。 2．220kV 电流互感器（20℃）运行中主绝缘 tanδ不大于 0.8%，末屏对地的 tanδ不大于 2%（当电容型互感器末屏对地绝缘电阻小于 1000MΩ 时测量）	

2.3 作业验收

2.3.1 检修人员验收

序号	验 收 内 容	确认
1	试验项目是否已全部完成	
2	工作场地的卫生清洁工作是否已完成，全部工器具及材料是否已全部收回	
3	检查被测设备是否有遗留物，被测试设备是否已恢复至试验前状态	
4	工作负责人验收签字	

2.3.2 运维人员验收

运维人员验收： 检修记录已登记，现场已验收合格。　　　　运维人员确认签字：

2.4 作业组班后会

序号	项　　目	确认
1	作业组班后会	
2	存在问题及措施：	

3 作业后

3.1 作业后内业工作

序号	项　目	内　　容	确认
1	生产管理系统流程运转	试验记录编写上传、完成时限填写、设备作业后评价	
2	录音上传	工作票录音	
3	作业文件归档	安全质量控制卡、工作票	

3.2 作业评价

评价情况：经检查，本控制卡＿＿＿＿＿＿，存在＿＿＿＿＿＿＿＿＿＿＿＿＿＿＿＿＿＿＿＿＿＿＿＿＿＿＿＿＿＿＿＿＿问题，已向＿＿＿＿＿＿＿＿＿提出。

检查人：＿＿＿＿＿＿＿＿

＿＿＿年＿＿月＿＿日

6 电压互感器例行试验安全质量控制卡

编号：________

班组作业安全质量控制卡

作业名称：××变电站××kV××段母线电压互感器单元例行试验

工作负责人编写：________ 审核：________ 批准：________

作业性质：多专业 计划时间：___年__月__日__时__分至___年__月__日__时__分

1 作业前

1.1 作业前内业准备

序号	名 称	规 格	单位	数量	确认
1．现场勘察 * 确认栏内需签字确认		勾选：☐已勘察 ☐无需勘察			
2．工器具					
2.1	标准工具箱	标准	套	1	
2.2	电压互感器标准试验仪器	标准	套	1	
2.3	绝缘梯	4m 梯	架	1	
2.4	绝缘梯	6m 人字梯	架	1	
3．材料					
4．防护用品					
4.1	安全带	标准	条	1	
4.2	绝缘垫	标准	块	1	
4.3	安全围栏	标准	根	4	
5．作业文件					
5.1	工作票编号				
5.2	作业文件（设备评估表、台账资料、历史试验记录、试验标准等）				
6．其他（录音笔、红马甲）					

1.2 出工准备

序号	名 称	确认
1	班组班前会	
2	出工三检查、独木桥制度	

2 作业中

2.1 作业组班前会

2.1.1 本作业危险点分析及安全措施交底

序号	危险点分析	安全控制措施	确认
1	工器具不合格或未正确使用	检查安全工器具、劳动防护用品是否合格齐备	
2	试验电源不合格	移动电源盘应带有漏电保护器、插座应采用插头不得使用裸导线插接。试验接线必须使用试验电源，接线前应验电，应先接零线，再接相线	
3	走错间隔	工作前认真核对设备名称、编号、位置，检查现场安全措施无误后方可开始。严禁擅自移动或拆除遮栏（围栏）、标示牌	
4	高压引线不符合要求造成人员触电	试验前检查高压引线，尽量缩短，必要时用绝缘物支持牢固。试验时，试验人员要注意不准误触误碰试验引线	
5	非试验人员误入试验场地，造成触电	试验前检查装设的安全围栏与试验设备高压部分应有足够的安全距离，向外悬挂“止步，高压危险”的标示牌，并有专人监护	
6	试验设备接地不良，造成伤害	检查试验设备的金属外壳是否可靠接地，试验仪器与设备的接线应牢固可靠	
7	加压时无专人监护或不呼唱，造成人员伤害	加压前通知有关人员离开被试设备，并取得试验负责人的许可，方可加压。试验过程应确保有人监护并呼唱	
8	变更接线或加压试验结束时，没有对试品进行充分放电可能会发生电击	变更接线或加压试验结束时，应首先断开试验电源，充分放电、短路接地。对于未装接地线的大容量被试设备，试验前充分放电	
9	登高作业可能会发生高空坠落	登高作业，应正确使用安全带，禁止安全带低挂高用。使用梯子登高时，梯子应稳固并有防滑措施，并派专人扶持	
10	试验时产生感应电压，可能造成人身伤害	绝缘电阻测量等试验时，非被试部分应短路接地。试验前认真接线，并经复查接线无误后，方可加压	
11	工作结束后，设备未恢复到许可前状态造成设备损坏、人身伤害	试验结束后，试验人员对被试设备进行检查和清理，特别注意检查设备上有无遗留工器具和临时安装的接地线，并将被试设备恢复到许可前状态	
12	使用操作棒时与带电设备保持的距离不够	使用操作棒时应注意与带电设备保持 220kV 1.8m，110kV 1.3m，35kV 0.8m 以上安全长度	

2.1.2 其他班组间配合或交叉作业危险点分析及安全措施交底

序号	相关班组	危险点分析	安全控制措施	确认
1	××班	人身触电	高压试验前，应与其他班负责人互相协调，试验时应有专人监护，在进行高压试验后应对试品充分放电	

2.1.3 安全措施确认

我已知晓上述工作地点、工作内容、停电范围、作业分工、危险点及安全控制措施，精神状态良好。 确认签字：

2.2 关键工序安全质量控制

序号	关键工序	质量安全控制	确认
电压互感器			
1	绝缘电阻测试	中间变一次绕组（X 端）对二次绕组及地应大于 1000MΩ，二次绕组之间及对地应大于 10MΩ	
2	电容量和介质损耗因数测试	1．一相中任两节实测电容值差不超过 5%。 2．$\tan\delta$：膜纸复合绝缘型不超过 0.2%，油纸绝缘型不超过 0.5%。 3．每节电容值偏差不超出额定值的−5%～＋10%范围	

2.3 作业验收

2.3.1 检修人员验收

序号	验收内容	确认
1	试验项目是否已全部完成	
2	工作场地的卫生清洁工作是否已完成，全部工器具及材料是否已全部收回	
3	检查被测设备是否有遗留物，被测试设备是否已恢复至试验前状态	
4	工作负责人验收签字：	

2.3.2 运维人员验收

运维人员验收：
检修记录已登记，现场已验收合格。　　　　运维人员确认签字：

2.4 作业组班后会

序号	项目	确认
1	作业组班后会	
2	存在问题及措施：	

3 作业后

3.1 作业后内业工作

序号	项目	内容	确认
1	生产管理系统流程运转	报表编写上传、完成时限填写、完成设备作业后评估	
2	录音上传	工作票录音	
3	作业文件归档	安全质量控制卡、工作票、报表	

3.2 作业评价

评价情况：经检查，本控制卡__________，存在______________________________________问题，已向_______________提出。

检查人：____________

____年____月____日

7 互感器取油安全质量控制卡

班组作业安全质量控制卡

作业名称：220kV×××变压器×电流互感器取油

工作负责人编写：________ 审核：________ 批准：________

作业性质：单专业 计划时间：____年__月__日__时__分至____年__月__日__时__分

1 作业前

1.1 作业前内业准备

序号	名称	规格	单位	数量	确认
1．工器具					
1.1	标准工具箱	标准	套	1	
1.2	针筒	100mL	个	3	
2．材料					
2.1	乳胶管	标准	条	1	
2.2	纱布	—	块	2	
2.3	标签	标准	张	3	
2.4	橡胶头	标准	个	1	
3．防护用品					
4．作业文件					
4.1	工作票编号				
5．其他（录音笔、红马甲）					

1.2 出工准备

序号	名称	确认
1	班组班前会	
2	出工三检查制度	

2 作业中

2.1 作业组班前会

2.1.1 本作业危险点分析及安全措施交底

序号	危险点分析	安全控制措施	确认
1	工器具不合格	检查安全工器具、劳动防护用品是否合格齐备	
2	走错间隔	工作前应认真核对设备名称、编号、工作地点	
3	大量喷油	防止阀门开启过大，油大量喷出	

表（续）

序号	危险点分析	安全控制措施	确认
4	漏油	对老化或损坏的密封圈应及时更换；取完油样必须关紧设备阀门	
5	高空坠落	高空作业必须绑好安全带，禁止低挂高用。使用防滑绝缘梯，并有专人扶持	

2.1.2 安全措施确认

我已知晓上述工作地点、工作内容、作业分工、危险点及安全控制措施，精神状态良好。 确认签字：

2.2 关键工序安全质量控制

序号	关 键 工 序	质量安全控制	确认
1	打开取油阀门	检查取样口是否损坏或渗漏；防止阀门开启过大油大量喷出	
2	取油样	1．取样阀应先用干净布擦净，再放适量油冲洗干净。 2．先用油湿润和冲洗注射器 2～3 次。 3．应采用全密封取样，利用油本身压力使油注入注射器，操作时油中不得产生气泡。 4．取样完应立即用小胶头封住注射器，油中不得残存空气。 5．取样量以够试验用为限	
3	关紧阀门，并用纱布擦拭干净	用布把阀门擦拭干净，使用力矩扳手，按要求拧紧阀门，阀门不应出现渗漏油现象	
4	工作结束	清点工器具并清理现场	
5	油样运输和保存	1．避免剧烈震动，防止容器破碎。 2．油样保存应避光、防潮、防尘，注射器芯不卡涩。 3．油样应尽快分析，一般不得超过三天	

2.3 作业验收

2.3.1 检修人员验收

序号	验 收 内 容	确认
1	检查取样螺帽已封紧，无渗漏	
2	检查现场无遗留工器具、材料	
3	工作负责人验收	

2.4 作业组班后会

序号	项 目	确认
1	作业组班后会	
2	存在问题及措施：	

3　作业后

3.1　作业后内业工作

序号	项　　目	内　　　容	确认
1	生产管理系统流程运转	报表编写上传、完成设备作业后评估	
2	录音上传	工作票录音	
3	作业文件归档	安全质量控制卡、工作票	

3.2　作业评价

评价情况：经检查，本控制卡____________，存在____问题，已向________________提出。

检查人：____________

____年___月___日

8 变电站电气第一种工作票

××电业局（供电公司）

××变电站电气第一种工作票

编号：×××××

1．部门：×××　　工作班组：×××　　工作负责人：×××

2．工作班人员：×××、×××、×××

共 ×× 人

3．工作任务：

工 作 地 点	工 作 内 容
××变电站110kV××线电流互感器本体	110kV××线电流互感器例行试验

4．计划工作时间：自××年×月×日×时×分至××年×月×日×时×分

5．安全措施

电气接线图或必要时可附页绘图说明：______。

许可前由工作许可人会同工作负责人到现场逐项检查核对后在已执行栏打√。

序号	应断开的断路器、隔离开关，应取下的熔丝，应解除的继电保护连接片等（包括填写前已断开、取下、解除的）注明编号	已执行
1	应断开××断路器及其控制、合闸电源	
2	应断开××隔离开关及其电动操作电源	
序号	应装接地线、应合接地开关（注明接地线具体位置，并留出空位由许可人注明接地线编号）	已执行
1		
序号	应设遮栏、应挂标示牌、防止二次回路误碰的措施	已执行
1	应在××断路器、××隔离开关操作把手上挂“禁止合闸，有人工作”标示牌	
2	应在工作地点放置“在此工作”标示牌	
3	用安全围网圈围工作场地，并朝里悬挂“止步，高压危险”标示牌，围网出入口围至邻近道路旁，并在出入口处放置“从此进出”标示牌	

工作地点保留带电部分或注意事项（签发人或工作负责人填写）	补充工作地点保留带电部分和安全措施（许可人填写）
相邻××间隔在运行中	

二次工作安全措施票（票号）：

工作票签发人签名：签发日期：××年×月×日×时×分

收到工作票时间：××年×月×日×时×分 值班人员签名：

6．确认本工作票1～5项

许可开始工作时间：××年×月×日×时×分

工作许可人签名：______　　工作负责人签名：______

7．工作人员变动：

增添人员姓名	日	时	分	工作负责人签名	离去人员姓名	日	时	分	工作负责人签名

8．工作负责人变动：

原工作负责人_____离去，变更______为工作负责人。

变动时间：___年__月__日__时__分　工作票签发人签名：________________

9．工作票延期：有效期延长到：×××年×月×日×时×分

工作负责人签名：__________　值长或值班负责人签名：______________

10．每日开工和收工时间（使用一天的工作票不必填写）

收工时间				工作负责人	工作许可人	开工时间				工作负责人	工作许可人
月	日	时	分			月	日	时	分		

11．工作结束：设备及安全措施已恢复至开工前状态，现场已清理完毕，工作班人员已全部撤离。全部工作于××年×月×日×时×分结束。

工作负责人签名：____________　工作许可人签名：____________

12．工作票终结：临时遮栏、标示牌已拆除，常设遮栏已恢复。接地线编号××××等共___组、接地刀闸××（小车）共××副（台）未拆除或拉开，已汇报调度员。

工作许可（当值）人签名：_______　时间：××年×月×日×时×分

13．备注：

（1）检修工作中允许试分合的设备：

允许试分合的设备	解锁执行人	解锁时间	操作人	监护人	操作设备时间

（2）工作负责人指定专职监护人：

第一组_____负责监护______________________________

第二组_____负责监护______________________________

第三组_____负责监护______________________________

（3）其他补充安全措施：①高处作业必须系好安全带。②登高梯要有防滑措施。③与带电设备要保持足够的安全距离（220kV 不小于 3.0m；110kV 不小于 1.5m；10kV 不小于 0.7m）。

（4）其他事项：____

14．交任务、交安全措施确认：我对工作负责人布置的工作任务及安全措施已明白无误，所有安全措施已能确保我的工作安全。

工作班人员签名：____

15．情况：经检查本票为票。存在____问题，已向指出。

检查人：____________________

_____年____月____日

9　变电站电气第二种工作票

××电业局（供电公司）

××变电站电气第二种工作票

编号：×××××

1．部门：×××　工作班组：×××　工作负责人：×××

2．工作人员：×××、×××、×××、×××、×××　共××人

3．工作任务（工作地点和工作内容）：

工 作 地 点	工 作 内 容
××变电站××互感器	互感器取油样

4．计划工作时间：自××年×月×日×时×分至××年×月×日×时×分

5．工作条件（停电或不停电，及邻近带电或保留带电设备名称）：不停电

6．安全措施和注意事项：

（1）工作中人与工器具应注意与110kV高压带电部位保持1.5m及以上、与35kV高压带电部位保持1.0m及以上、与10kV高压带电部位保持0.7m及以上安全距离。

（2）工作完毕后应关紧阀门，清理现场油迹。

二次工作安全措施票（票号）：

工作票签发人签名：×××　　签发日期：××年×月×日×时×分

7．补充安全措施（工作许可人填写）：________

8．确认本工作票1～7项

许可开始工作时间：　年　月　日　时　分

工作许可人：________　　工作负责人：________

9．工作人员变动：

增添人员姓名	日	时	分	工作负责人签名	离去人员姓名	日	时	分	工作负责人签名

10．工作负责人变动：

原工作负责人________离去，变更________为工作负责人。

变动时间：___年___月___日___时___分　　工作票签发人签名：________

11．工作票延期：有效期延长到：___年___月___日___时___分

工作负责人签名：________　　值长或值班负责人签名：________

12．工作票终结：

工作班人员已全部撤离，现场已清理完毕。全部工作于___年__月__日__时__分结束。

工作负责人：＿＿＿＿＿＿＿＿　工作许可人：＿＿＿＿＿＿

13．备注：＿＿＿＿＿＿＿＿＿＿＿＿＿＿＿＿＿＿＿＿＿＿＿＿＿＿＿＿＿＿＿＿＿＿＿＿

＿＿

14．交任务、交安全措施确认：我对工作负责人布置的工作任务及安全措施已明白无误，所有安全措施已能确保我的工作安全。

工作班人员签名：＿＿＿＿＿＿＿＿＿＿＿＿＿＿＿＿＿＿＿＿＿＿＿＿＿＿＿＿＿＿＿

＿＿

15．评价情况：经检查本票为票。存在＿＿＿＿＿＿＿＿＿＿＿＿＿＿＿＿＿＿＿＿＿

＿＿＿＿＿＿＿＿＿＿＿＿＿＿＿＿问题，已向指出。

检查人：＿＿＿＿＿＿＿

＿＿年＿＿月＿＿日

思考与练习答案

1．答：油浸式电流互感器的例行试验项目有：

（1）绝缘电阻。

（2）电容量和介质损耗因数。

2．答：油浸式电流互感器绝缘电阻的试验要求：

（1）一次绕组：初值差不超过−50%（注意值）。

（2）末屏对地（电容型）：>1000MΩ（注意值）。

（3）二次绕组之间及对地：>500MΩ（注意值）。

3．答：试验时，以下情况可能造成人员伤害：

（1）试验现场不设安全围栏，可能会使非试验人员进入试验场地，造成触电。

（2）试验加压过程中不实行呼唱制度或执行不规范，易造成人身触电事故。

（3）试验设备接地不好，可能会对试验人员造成伤害。

（4）加压试验人员未站在绝缘垫上，可能会对试验人员造成伤害。

（5）试验时，互感器对引线放电造成设备和人身伤害事故。

（6）进行绝缘电阻测量和直流试验后不对互感器充分放电，会发生电击。

防范措施：

（1）试验现场应装设遮拦或围栏，遮栏或围栏与试验设备高压部分应有足够的安全距离，向外悬挂"止步，高压危险！"的标示牌，并派人看守；被试设备两端不在同一地点时，另一端还应派人看守。

（2）加压过程中应有人监护呼唱；当出现异常情况时，应立即停止试验，降低电压，断开电源，被试品进行接地放电后再对其进行检查，查明原因后，方可继续试验。

（3）试验器具的金属外壳应可靠接地；试验仪器与设备的接线应牢固可靠。

（4）加压试验人员要站在绝缘垫上。

（5）拆除的互感器引线要与套管端部保持一定的安全距离；引线用绝缘绳绑牢。

（6）每次试验完毕应首先应断开电源（有明显的断开点）；变更试验接线或加压试验结束时，被试互感器要对地充分放电；高压直流试验时，每告一段落或试验结束时，应将设备对地放电数次并短路接地。